Elwood F. Holton III y Sharon S. Naquin

GUÍA
PARA TRIUNFAR
en su nuevo
TRABAJO

SELECTOR
actualidad editorial

SELECTOR
actualidad editorial

Doctor Erazo 120 Colonia Doctores México 06720, D.F.
Tel. 55 88 72 72 Fax. 57 61 57 16

GUÍA PARA TRIUNFAR EN SU NUEVO TRABAJO
Título en inglés: So You're New Again/How to Succeed When you Change Jobs

Traductor: Patricia Haw Mayer
Diseño de portada: Kathya Martha Rodríguez Valle

Copyright © 2003, Selector S. A. de C. V.
Derechos de edición reservados para todo el mundo
ISBN (en inglés): 1-58376-169-1
ISBN (en español): 970-643-558-1

Primera reimpresión. Mayo de 2003

Sistema de clasificación Melvil Dewey
331
H758
2003
Guía para triunfar en su nuevo trabajo/ Elwood F. Holton, Sharon S. Naquin; trad. Patricia Haw.- - Cd. de México, México: Selector, 2003.
88 p.

ISBN: 970-643-558-1

1. Negocios 2. Ensayo I. t. II. tr: Haw, Patricia III, Ser.

A nuestras familias:
Karen, Karie y Melanie Holton
y
Al y Blair Naquin

Contenido

Prefacio

Las carreras están llenas de transiciones —a nuevos departamentos, a nuevas organizaciones, a distintos tipos de empleos, de posiciones administrativas a gerencias—. Cada una te coloca en la posición de "nuevo empleado" otra vez. Mucha gente piensa que un empleado nuevo es aquel que llega a una empresa nueva, pero en realidad el término aplica cada vez que hay un cambio de funciones, ya sea dentro de la misma organización o entre organizaciones. Este libro está dirigido a todo empleado con experiencia que se encuentra en la posición de ser "nuevo" otra vez.

Irónicamente, entre más experiencia tenemos menos pensamos en cómo ser un nuevo empleado eficiente y menos nos acordamos de cómo hacerlo bien. La experiencia nos seduce y nos hace pensar que no debemos preocuparnos por ser nuevos, pero lo cierto es que todo empleado, desde un administrativo hasta un gerente general, tiene que trabajar en la transición que implica convertirse en un nuevo empleo. Sólo tenemos que fijarnos en los fracasos evidentes a nivel gerencial para darnos cuenta de que la transición de empleados no discrimina entre niveles de empleo, sueldo o grado de experiencia.

Este libro surge a raíz de nuestras observaciones de frustraciones y errores de muchos empleados con experiencia. Sabemos que aprender un poco puede hacer una increíble diferencia y que aquellos que aprendan a ser nuevos otra vez pueden evitar errores costosos, obtener mejores oportunidades y tener más éxito. Sabemos esto por nuestras experiencias, nuestras entrevistas con empleados nuevos, en todos los niveles, y por nuestras investigaciones. El mensaje de todas las fuentes es claro: lo que hagas como nuevo empleado, realmente sí importa.

Durante los últimos 12 años hemos utilizado el proceso de 12 pasos que se describe en este libro para guiar a innumerables empleados para tener un mejor comienzo. La mejor noticia es que, para la mayoría, aprender una mejor forma de cómo empezar en un nuevo empleo fue un alivio personal y un impulso en sus carreras. Sabemos que este sistema funciona. El reto de este libro fue concentrar nuestros consejos en forma concisa, comprensible y amistosa, de modo que los lectores pudieran aprender rápidamente nuestro sistema en el mundo tan apresurado de hoy. Esperamos que este libro ayude a muchos nuevos empleados con experiencia a tener el mejor comienzo posible en sus nuevos puestos. ¡Buena suerte!

Elwood F. Holton III
Sharon S. Naquin
Baton Rouge, Luisiana

Uno

Así que otra vez eres nuevo

¡Felicidades! Has decidido hacer una transición en tu carrera, ya sea con un nuevo puesto dentro de tu organización o cambiándote a otra empresa. Como resultado de ello, pronto vas a ser un nuevo empleado otra vez. Éste puede ser un momento excitante, pero que también da miedo. Este libro está elaborado para ayudarte a sacar el mejor provecho de este cambio en tu carrera laboral. No hay duda de que el éxito en tu nuevo puesto se basará, en gran parte, en tus destrezas y habilidades. Sin embargo, las destrezas y habilidades por sí solas no son suficientes para lograr una transición exitosa. Lo bien que manejes el ser "nuevo" otra vez, jugará un papel mucho más importante de lo que te imaginas para que el cambio en tu carrera sea un éxito.

Considera la siguiente situación:
Pablo, un empleado que apenas comienza su segundo mes de trabajo en una nueva compañía, se quedó sorprendido. Su jefa, la vicepresidenta, lo

había llamado para discutir su "preocupación por su progreso y habilidad para servir como parte de un equipo". Le informó que sus colegas se habían quejado de que era muy engreído, con poco tacto y que criticaba mucho sus procesos de trabajo. A sus espaldas, sus colegas se referían a él como el tipo del "Nosotros lo hacíamos así..." Alegaban que Pablo comenzaba casi todos sus comentarios con: "En la empresa donde estaba lo hacíamos mejor...", siguiendo después con una larga descripción de los métodos que se seguían en su anterior compañía, y exaltando los méritos del sistema "viejo y bueno". Pablo consideraba estos comentarios como sugerencias para mejorar, pensaba que él era útil y que estaba mostrando sus habilidades; sin embargo, sus colegas interpretaban sus comentarios como severamente críticos, arrogantes y de menosprecio.

Este tipo de situación se da en toda clase de organizaciones. La mayoría de los que buscan cambiar de empleo trabajan mucho durante el proceso de búsqueda de trabajo y toman sus profesiones con seriedad. Muchos encuentran buenos puestos y comienzan a trabajar con bastante energía y entusiasmo. Son optimistas sobre las posibilidades que traerán sus nuevos empleos y se esfuerzan para crear una buena impresión. Sin embargo y desafortunadamente muchos sufren decepciones. ¿Por qué? Porque la mayoría pasa por alto un paso crítico, el cual puede hacer que el esfuerzo de encontrar un nuevo empleo se torne inútil. Al igual que Pablo, no han aprendido a hacer la transición de empleado experimentado a nuevo empleado.

¿Suena raro? Toda tu experiencia previa no puede más que ayudarte en tu nuevo empleo, ¿verdad? Pues bien, eso está muy lejos de la realidad aunque muchos nuevos empleados lo suponen exactamente así. La mayor parte de los gerentes y ejecutivos que entrevistamos se quejaban de que los nuevos empleados (tanto los recién egresados de las universidades como los experimentados) no comprenden qué hace falta para entrar y adaptarse con éxito a una nueva organización. Los empleados con experiencia tienden a pasar por alto el hecho de que están comenzando de nuevo cuando cambian de empresa. Ya sea que estés comenzando un nuevo empleo, alistándote para hacer un cambio o continúes en tu primer año en un nuevo trabajo, este libro puede ayudarte.

¿Qué sabes?

Antes de que sigas leyendo este libro, aquí hay un pequeño examen para ver cómo andas. Comienza por calificar de "verdadera" o "falsa" cada una de las afirmaciones que se presentan a continuación. Las respuestas correctas están al final de la siguiente sección; pero, ¡no hagas trampa!

1. El problema más importante que la mayoría de las empresas tiene con sus nuevos empleados, es que no aprenden las funciones de su puesto lo suficientemente rápido.

2. La mejor estrategia para crear una buena impresión en la nueva empresa es tratar de hacer algo realmente notable.

3. Es importante pasar de la etapa de empleado nuevo tan rápidamente como sea posible.
4. Las lecciones aprendidas en tu compañía previa serán como sugerencias bienvenidas para efectuar cambios en tu nueva organización.
5. Puedes contar con que tu jefe te ayudará a comenzar.
6. Ser un empleado nuevo no resulta tan difícil cuando tienes experiencia laboral previa.
7. Tus compañeros estarán felices de que te unas al grupo.
8. Es bueno que la gente conozca pronto tu estilo de trabajo para que se puedan adaptar.
9. Tu jefe tendrá una idea bastante clara de cómo puedes ser más productivo.
10. Apoyado en tu experiencia, debes saber señalar errores rápidamente cuando los veas.

¿Así que crees que en realidad no eres nuevo?

Los empleados nuevos que ya tienen experiencia son con frecuencia los primeros en pensar que en *realidad* no son nuevos. Muchos empleados a quienes entrevistamos comentaron sobre lo poco que recordaban de cuando comenzaron en un nuevo empleo y sobre cuánto les hubiera gustado que se les recordara acerca de eso cuando cambiaron de empleo. ¿Por qué? Porque cuando cambias de empleo en realidad eres nuevo aunque hayas obtenido mucha experiencia en otra organización. Peor aún, a veces la experiencia que ya ganaste hace que te sea más difícil integrarte a una nueva organización y provoca que cometas más errores de lo usual.

Esta paradoja se puede explicar mediante el concepto de cultura organizacional. Las organizaciones son sistemas sociales que crean culturas y subculturas. La cultura organizacional incluye una serie de suposiciones que han aprendido los miembros del grupo y que les han funcionado bien en el pasado. Además, el grupo espera enseñar estas suposiciones a los nuevos miembros como la manera correcta de pensar y actuar. Así, la cultura es una fuerza poderosa que hay que comprender. Se manifiesta de muchas formas, incluso como normas, creencias, lenguaje, ritos, historias, ceremonias y símbolos. Para convertirse en alguien con un buen desempeño, los empleados que entran a una organización deben aprender comportamientos que vayan acorde con la nueva cultura y olvidarse de conductas que encajaban en la cultura de empleos anteriores.

Las organizaciones también desarrollan múltiples subculturas con respecto de los grupos ocupacionales, localizaciones geográficas, departamentos, grupos informales, niveles jerárquicos y experiencia, entre otros aspectos. Las subculturas pueden surgir dentro de ciertos niveles de una organización (ejecutivo, gerencial, etc.). Así, los trabajadores de línea tendrán una subcultura distinta a la de los supervisores de primera línea, quienes a su vez tendrán una subcultura distinta a la de los gerentes. Las subculturas también se pueden desarrollar dentro o entre diferentes departamentos, divisiones u otros grupos funcionales. Otro tipo de subcultura puede surgir dentro de distintos grupos sociales en la organización. Por ejemplo: los empleados de confianza con antigüedad tendrán características culturales únicas que no tendrán los nuevos empleados.

Cada vez que cruces una "frontera" entre subculturas o culturas (por ejemplo, al integrarte a una nueva organización o departamento), eres nuevo y tienes que adaptarte. Los cambios en la subcultura, como en el caso de un departamento a otro, son por lo general más fáciles porque aún formas parte de la misma cultura general. Los cambios de una a otra organización pueden implicar enormes diferencias culturales. Las carreras profesionales generalmente consisten en una serie de cruces de este tipo de fronteras, como cuando alguien se cambia de departamento, es promovido y se convierte en alguien cada vez más valorado y digno de confianza, o cuando se mueve de una compañía a otra.

Un nuevo empleado es, por tanto, simplemente alguien que ha cruzado una frontera organizacional y debe desenvolverse en una nueva cultura y subcultura organizacional. En este sentido, un empleado de 15 años que avanza a un nuevo nivel de gerencia es sólo un poco diferente a otro recién contratado fuera de la compañía. Ambos han cruzado fronteras organizacionales para llegar a nuevas culturas. El alcance y su modo de adaptación puede diferir, no así los pasos fundamentales para alcanzar un alto desempeño. En algunos casos, los cruces internos de fronteras pueden acarrear problemas de adaptación más fuertes que un cruce de frontera externo. Por ejemplo: un obrero de línea al que promueven a supervisor de primera línea puede enfrentarse a un cambio cultural más importante al tomar su primer trabajo gerencial, que tomando un empleo similar de obrero de línea en otra compañía.

Lo más seguro es que estés leyendo este libro porque has cambiado de organización o de puesto dentro de tu organización, y éste es el marco en el que se va a apoyar el tema que aquí trataremos. Sin embargo, recuerda que las habilidades y el proceso de adaptación que se discute aquí son algo que te será útil durante tu carrera laboral. Los mejores empleados son aquellos que se vuelven muy hábiles para integrarse a nuevos grupos y compañías. Ahora eres nuevo y serás nuevo muchas veces a lo largo de tu carrera. Lo interesante es que ser recién llegado nunca se vuelve más fácil. Incluso hay directores que han fallado porque no pudieron adaptarse a una nueva cultura lo suficientemente rápido. A lo largo de este libro discutiremos sobre la cultura y sobre cómo se puede aprender ésta más detalladamente.

Al final de la última sección, contestaste un pequeño examen. ¿Respondiste a todas las preguntas con "falso"? Si es así, estás en lo cierto. No te sientas mal si no contestaste todo bien, así le ocurre a muchos. Ese pequeño examen debe recordarte que el tiempo que se toma uno para reaprender a ser nuevo, es tiempo bien invertido.

El primer año es único

Como probablemente recuerdas de tus experiencias anteriores, el comenzar a trabajar en una nueva organización requiere una perspectiva especial y estrategias particulares para el éxito. Lo primero y más importante es que los empleados deben aprender a reconocer y a aceptar que el primer año en un nuevo empleo representa un escalón en la carrera laboral, separado y distinto. Es un periodo de transición que debe considerarse aparte del resto de la escalera de carrera. Esto es cierto independientemente de cuántos años de experiencia puedas tener. La única manera de sacar provecho de lo que suceda durante este tiempo es considerando este primer año separadamente del resto de la escalera.

Desde el momento en que aceptaste la nueva oferta de trabajo hasta que terminan los primeros seis o doce meses, estarás en una etapa intermedia de transición. Lo que pase en ésta puede tener un gran impacto en tu carrera. Resulta muy fácil seguir apegado a expectativas viejas (y quizá poco realistas), pero los nuevos empleados que son listos reconocen la importancia de hacerlas a un lado. Se dan cuenta de que toma tiempo ganar derechos, responsabilidades y credibilidad como miembro de la organización, sin importar su experiencia previa.

Vas a ser observado muy de cerca durante este periodo de transición porque eres nuevo (aunque tengas mucha experiencia). Tus colegas te tratarán de manera diferente a otros, responderán en forma distinta, trabajarán de otra manera contigo y te juzgarán también en forma diferente. Todo lo que hagas o digas será observado con ojo crítico. Deberás seguir nuevas reglas para tener éxito en esta etapa de inicio. Ya no puedes valerte de las viejas reglas que te permitían alcanzar el éxito en tu empleo anterior. Ése fue el problema de Pablo en el ejemplo que describimos: Él no comprendía que sólo aprendiendo las nuevas reglas podría tener un buen comienzo en su nuevo trabajo.

Sin duda, tú deseas comenzar con el pie derecho en tu nueva organización. Nadie inicia en un nuevo empleo esperando fracasar, pero, ¿qué puedes hacer para asegurarte de que te mantendrás alejado de los problemas y proyectar una imagen profesionalmente madura desde el principio? Aprender las nuevas "reglas" resulta esencial. Desafortunadamente, pocos nuevos empleados se toman el tiempo para aprenderlas, así que comienzan equivocándose. Si eres listo, reconocerás todo lo anterior como una muy buena oportunidad para diferenciarte de otros recién llegados y superarlos, mostrando madurez profesional.

¿En verdad importa?

No podemos enfatizar suficientemente lo mucho que tu primer año impactará en tu éxito en la organización. La impresión que causes en tu jefe y en tus colegas durante tu primera semana y meses, tendrá un papel muy importante para tus oportunidades de carrera y éxito dentro de esa organización. Las investigaciones muestran que la forma como abordes el primer año impactará tu desempeño, futuro sueldo, avances, satisfacción en el trabajo y habilidad para tener éxito y comprometerte con el trabajo. Puede afectar tu carrera en los años venideros.

Tu reto durante los primeros meses será ganarte el respeto de tus colegas y establecer una reputación de empleado brillante, capaz y valioso. Si tienes éxito, pronto se te presentarán nuevas oportunidades para hacer mayores contribuciones a la organización y para hacerte más visible a los ojos de los gerentes. Por tanto, si aprovechas esas primeras oportunidades demostrando lo bien que comprendes tu papel y te desempeñas, habrá nuevas oportunidades de éxito. Edgar Schein, un reconocido autor de administración, le llamó a esto la "espiral del éxito", y ¡te conviene entrar en ella! Las estrategias que se describen en este libro te ayudarán a lograr esta meta.

Si cometes muchos errores puedes descarrilarte. Es decir, en lugar de llegar a la espiral del éxito estarás en espera hasta que los jefes y colegas decidan cuál es en realidad tu potencial. Desafortunadamente, la presión en los experimentados es mayor que la que reciben los que tienen poca o ninguna experiencia. La gente asume que tu experiencia te ha enseñado a adaptarte rápidamente a un nuevo empleo cuando de hecho puede ocurrir lo contrario. La forma como ingresas a una organización es tan importante, que muchos ejecutivos sugieren en lo personal que la mejor estrategia a seguir, si tuviste un mal comienzo, es buscar otro trabajo. No trato de decir que una carrera de 30 años se hace o se rompe por el desempeño de unos cuantos meses. Sin embargo, el hecho es que puede tomar años recuperarse de un mal comienzo.

Dos

Lo más importante del primer año

Si eres como la mayoría de los empleados nuevos, probablemente estarás pensando mucho en las tareas para las que has sido contratado. ¿Adivinas lo que le preocupa a tu empleador? A él no le preocupan tus habilidades para desempeñar las *tareas* en sí, sino más bien tu habilidad para encarar los otros componentes del trabajo, además de las tareas. Estos componentes incluyen tu disposición y habilidad para adaptarte a ideas nuevas, que encajes en la cultura organizacional, que ganes respeto y credibilidad, que aprendas las políticas de la organización, que construyas ambientes de trabajo eficientes, que te conviertas en un miembro aceptado en la organización, que aprendas la estructura informal y los métodos de la compañía, que descubras cuáles son las expectativas no escritas, que comprendas la estructura de poder y recompensas, y que aprendas cómo llevar a cabo el trabajo dentro de la organización. Muchas compañías (sobre todo las grandes) son muy buenas para contratar gente que creen tiene el talento y la habilidad para desempeñar las tareas básicas de su trabajo. Además, tu experiencia e historial les dirán si tienes la habilidad para el trabajo.

Cuando a los gerentes de nuevos empleados se les ha preguntado qué hace la diferencia entre un empleado nuevo *promedio* y un empleado nuevo *destacado*, el desempeño en tareas tiene poco que ver con las respuestas. Dicen que los nuevos empleados destacados son los que muestran las actitudes correctas, los que se llevan bien con sus nuevos colegas, los que aprenden rápido sobre la organización, los que encajan y muestran otras características que discutiremos aquí. Conclusión: ¡muchos empleados nuevos se concentran en los aspectos equivocados del nuevo empleo!

El sistema de 12 pasos que se enumera a continuación te ayudará a concentrarte en los elementos del trabajo no relacionados con las tareas y que serán de alta prioridad para el nuevo empleador. Muchos quizá te resulten familiares, pero son fáciles de olvidar si hace tiempo fuiste empleado nuevo. Además, la noción de habilidades de transición de nuevo empleado son desconocidas para muchos, de modo que incluso una amplia experiencia puede no haberte preparado para ser un elemento muy bueno como nuevo empleado.

Desaprender: la llave para tu éxito

Nadie habla de desaprender en su camino al éxito, pero muchas veces no podemos aprender hasta que desaprendemos viejas formas. En muchos aspectos, desaprender es mucho más difícil que aprender, porque tienes que dejar a un lado las suposiciones, comportamientos y actitudes que pudieron haberte ayudado a tener mucho éxito en el pasado.

Puedes estar pensando: "A ver, un momento, me contrataron por mi experiencia y éxitos anteriores, ¿no debo acaso usar esa experiencia?" Aquí está el problema. Si estás pensando en las habilidades para desarrollar las funciones de tu trabajo (por ejemplo: ingeniería, programación de computadoras, ventas, análisis financiero), entonces estás en lo cierto. Te contrataron por tu experiencia funcional y deberás usarla para ayudar en la nueva organización. Pero —aquí viene la paradoja—, cuando se trata de la cultura organizacional y las formas de hacer tratos, debes desaprender casi todo lo que sabes sobre tu empresa anterior, ¡y aprender la nueva cultura!

El conocimiento cultural no se transmite bien y no puedes aprenderlo sin antes desaprender. Por ejemplo: si tu anterior organización era muy informal y una "regla" era que podías visitar a cualquier gerente de cualquier nivel para discutir un problema, puedes haber asimilado eso como una forma "correcta" de resolver un problema. Supón que tu nueva empresa es más formal y el protocolo dicta que debes ir por los canales adecuados antes de hablar con el gerente de tu jefe. Hasta que desaprendas el protocolo anterior, probablemente aplicarás la vieja norma a la nueva organización, ¡y cometerás un gran error!

Es por esta razón que al proceso de ser empleado nuevo se le pueden atribuir tres etapas: *iniciación*, *transición* y *adaptación*. Las tareas y asuntos clave de cada etapa se enlistan en el cuadro 1 que está a continuación. La *iniciación* es el periodo durante el cual te das cuenta de las normas culturales que llevas dentro y que no son compatibles con tu nueva organización. Si eres como la mayoría de la gente, no pensarás que tienes muchas, y te sorprenderá darte cuenta de cuántas tienes en realidad. Si eres bueno para desaprender, atravesarás esta etapa rápida y fácilmente y entrarás de inmediato a la etapa de transición. Si no eres bueno para desaprender, ésta puede ser una etapa muy difícil.

Los nuevos empleados encuentran que deben lidiar con cuatro aspectos clave en la etapa de iniciación. Primero, se enfrentan cara a cara con la diferencia entre lo que esperaban y lo que encuentran en la nueva organización. Esto ocasiona estrés y frustración con los que hay que lidiar. Con el tiempo, se dan cuenta de que deben descubrir otros aspectos de su nuevo empleador y dejar atrás su forma de trabajo anterior.

Cuadro 1. Tareas y aspectos clave de las etapas de empleo

ETAPA	ASPECTOS CLAVE
Iniciación	GOLPE DE LA REALIDAD Diferencia en las expectativas Manejo Descubrimiento Dejar atrás
Transición	DANDO SENTIDO Normas Entrada Acomodo Negociación
Adaptación	CAMBIO Aceptación Asimilación Acomodo Compromiso

En la etapa de *transición* comienzas a darte cuenta de la nueva cultura. Los mejores empleados nuevos comienzan este proceso dejando atrás viejas suposiciones desde el primer día. Nada les sorprende porque entran en la nueva organización con la mente abierta. Típicamente, esta etapa implicará que trates de entender nuevas normas y encuentres formas de entrar en los grupos de la organización. Otra parte de ésta consiste en adentrarte a nuevos grupos para hacer contribuciones. A veces esto implica negociar con la organización para adaptar mejor el trabajo a tu persona.

La etapa de *adaptación* se caracteriza por el cambio y la aceptación de la nueva cultura. Es aquí donde asimilas los nuevos protocolos y normas, que se convertirán en parte de ti, en lugar de luchar para recordarlos. Es aquí donde tus colegas te aceptan porque los has aceptado. Hasta que alcances esta etapa, no podrás alcanzar tu máxima productividad. La clave por supuesto es: ¡*desaprender*! Inevitablemente, esto implica que te acomodes en la organización adaptándote a su cultura.

Metas del primer año

Aunque alcanzar altos niveles de productividad es ciertamente una meta importante, no es suficiente para el éxito en el empleo. Las organizaciones consisten en grupos de personas, gente que te analizará y juzgará. El solo hecho de haber sido contratado no significa que te haya aceptado la gente en la organización como "uno de ellos". Tus colegas no respetarán automáticamente tu experiencia y contribuciones. Aunque tu experiencia y éxito anteriores pueden haberte valido la contratación, no son suficientes para ganarse la aceptación. Estarás a prueba de nuevo, por tanto, ganar *aceptación*, *respeto* y *credibilidad* deberá ser tan importante como la productividad entre tus metas del primer año. Más aún, hasta que ganes aceptación, respeto y credibilidad es poco probable que puedas desempeñar los deberes de tu trabajo de manera sobresaliente.

Doce pasos estratégicos para ayudar a los "nuevos" empleados a tener éxito

El modelo de 12 pasos que se presenta en el diagrama 1 se concentra tanto en *lo que necesitas aprender* para triunfar en tu nuevo puesto, como en *la manera en que necesitas aprenderlo*. Este modelo se basa en una extensa investigación y se ha probado en organizaciones como J. P. Morgan, Enterprise Rent A Car, la Secretaría de Energía de Estados Unidos, la Administración de Servicios Generales de Estados Unidos y la Sociedad de Esclerosis Múltiple.

Diagrama 1: tareas de aprendizaje del nuevo empleado

Los 12 pasos se agrupan en cuatro categorías, como se enlista a continuación:

Enfoque individual

Paso 1:   Adopta las actitudes correctas
Paso 2:   Ajusta tus expectativas
Paso 3:   Domina las habilidades de integración

Enfoque hacia la gente

Paso 4:   Controla las impresiones que causas
Paso 5:   Construye relaciones efectivas
Paso 6:   Construye una estrecha relación laboral con tu gerente o supervisor

Enfoque hacia la organización

Paso 7:   Conoce la cultura de tu organización
Paso 8:   Adáptate al sistema organizacional
Paso 9:   Comprende tu papel de recién contratado

Enfoque a los deberes del empleo

Paso 10:   Desarrolla habilidades de trabajo
Paso 11:   Domina las tareas de tu trabajo
Paso 12:   Adquiere los conocimientos, destrezas y habilidades que necesites

Los primeros nueve pasos de este programa te ayudarán a lograr tres metas: ganar aceptación, respeto y credibilidad para así establecer la base esencial para tu éxito. Los últimos tres pasos están relacionados con las ta-reas. Estos últimos completarán el proceso y te permitirán ser productivo.

¿Te sorprende que los pasos relacionados con las tareas vengan al último? No te equivoques, debes dominar las tareas que se te encomienden, pero convertirse en un empleado sobresaliente requiere mucho más que habilidades técnicas o conocimientos. No importa cuán brillante seas o cuánto éxito hayas tenido, te resultará casi imposible llegar a calificar como sobresaliente al final de tu primer año si antes no dominas los aspectos no relacionados con el trabajo en sí en tu nuevo empleo, y no podrás entender el trabajo sino hasta que conozcas a la gente y a la organización.

Tres

Paso 1: Adopta las actitudes correctas

Tu reto en esta etapa consiste en identificar las "actitudes que se relacionan con el éxito" dentro de tu nueva organización. Identifica a colegas que parezcan exitosos y respetados por otros. ¿Cuáles son sus actitudes frente a los demás, su trabajo, la organización y el futuro de la organización? Concéntrate en moldear tus actitudes de acuerdo a como ellos actúan. No asumas que las actitudes relacionadas con el éxito en tu anterior empresa funcionarán igual con tu nuevo empleador. Es posible que haya algunas similitudes, pero habrá diferencias también. El invertir un poco de tiempo identificando actitudes de éxito puede evitarte cometer errores graves más tarde. Una vez que las hayas identificado, trabaja muy duro en cultivar esas actitudes y muéstralas mientras seas nuevo.

Éstas son algunas actitudes clave que a la mayoría de los gerentes de organizaciones les gusta ver en sus nuevos empleados:

La humildad apropiada

Tus anteriores éxitos pueden haberte dado confianza de más. Debes darte cuenta de que cada organización es distinta y que un buen cambio de empleo requiere, por lo general, una saludable dosis de humildad. Confía en tu potencial pero sé humilde en lo que necesites aprender antes de poner a trabajar tu experiencia. Tus compañeros te respetarán más si muestras un adecuado grado de humildad.

Disposición para el aprendizaje continuo

Es importante demostrar que comprendes cuánto tienes aún que aprender y tu disposición para hacerlo. Aprovecha todas las oportunidades de aprender. Si el trabajo es un poco lento en la oficina, ponte a estudiar algo. Haz preguntas en lugar de decir que crees saber la respuesta. No insistas en que estás en lo cierto cuando lo que has aprendido antes está a prueba. Sé abierto al nuevo aprendizaje antes de poner a trabajar tu experiencia.

Adaptabilidad

La vida organizacional está llena de cambios y los nuevos empleados necesitan ser flexibles. Casi siempre es posible saber cómo será tu nuevo empleo y organización. En el mundo actual, los empleados más eficientes son aquellos que son flexibles, que se adaptan fácilmente y que aceptan los cambios.

Respeto por la organización

Mientras que tu nueva organización puede ser muy distinta de la anterior, resulta importante demostrar que la respetas tal y como es. Por lo general, los empleadores prefieren que los empleados nuevos respeten la forma como se trabaja, incluso aunque se puedan hacer mejoras. Además, si respetas a la organización, es más probable que su gente te respete a ti también.

Mente abierta

No traigas a tu nuevo empleo nociones preconcebidas sobre cómo debe ser la organización, cómo deben hacerse los negocios y sobre lo que se supone deberás hacer. Como nuevo empleado con experiencia, es probable que cometas este error. Comienza con una mente abierta hacia la organización y hacia su forma de funcionar. Acepta nuevas maneras de pensar y trabajar y formas de pensamiento, ábrete a nuevas experiencias.

Compromiso

Las grandes empresas se apoyan en gente muy comprometida. Una de las preguntas importantes que cruzan por la mente de un empleador es si los nuevos empleados demostrarán el grado de compromiso que se requiere. Busca oportunidades para mostrar tu compromiso, inclusive en formas pequeñas. Hasta que la gente no esté segura de tu compromiso con la nueva organización, seguramente encontrarás resistencia si sugieres que se hagan las cosas como se hacían en tu compañía anterior.

Fuerte ética profesional

El primer año en tu nuevo empleo es mucho más difícil que los que vendrán, de modo que tendrás que hacer un esfuerzo extra. Haz un esfuerzo extraordinario durante el primer año para asegurarte de que tu empleador vea que eres un empleado trabajador. Los empleadores saben que si una persona está dispuesta a trabajar duro, es probable que tenga éxito.

Actitud positiva

Tu empleador quiere empleados con una actitud positiva hacia el trabajo. Cuando sonríes y eres optimista la gente desea trabajar contigo. Debes estar preparado para escuchar a tus colegas hablarte sobre los problemas y defectos de tu nueva organización, pero no te desanimes. Conserva una actitud lo suficientemente positiva para que te veas como "alguien con ideas frescas" ante tu empleador, pero no tanto que provoque que te alejes de tus nuevos compañeros.

Puntos para reflexionar

Fíjate en la gente de éxito en tu nueva organización e identifica las actitudes que parecen tener en común. Éstas son las actitudes de logros en la empresa. Ahora piensa en tus propias actitudes. ¿Cuáles te ayudaron a tener éxito en tu empleo anterior? ¿Qué actitudes necesitas desarrollar para esta nueva compañía? ¿Son diferentes?

Cuatro

Paso 2: Ajusta tus expectativas

La frustración no es otra cosa más que la distancia entre las expectativas y la realidad. "Pero yo no tengo expectativas", dirás. Quizá no lo has *pensado* pero en realidad sí las tienes. Todo mundo llega al nuevo empleo con expectativas, esperanzas y sueños. Tal vez tomaste el nuevo empleo porque pensaste que responderá a tus necesidades y te ayudará a conseguir tus metas. El problema es que resulta muy difícil tener una imagen correcta de una organización antes de trabajar en ella. Como resultado, es probable que encuentres que no llenará algunas de tus expectativas mientras que a otras las sobrepasará.

Por otro lado, tus trabajos anteriores han creado todo un conjunto de expectativas. Descubrirás que muchos detalles pequeños que ya dabas por hecho no son lo mismo en tu nueva organización. Tal vez te cause frustración que el trabajo no se haga de la forma en que estabas acostumbrado. Éste es un problema particularmente importante para personas que han estado empleadas por varios años en una organización. Como dijimos antes, es importante que desaprendas viejos hábitos y expectativas. Trata de comenzar tan dispuesto como puedas. Si estás comparando constantemente lo que experimentas con una lista mental de expectativas, tu nuevo empleador sin duda fallará en algún aspecto. Si mantienes corta tu lista y cambias tus expectativas por deseos, tu frustración será menor. Claro que es difícil hacerlo, pero es un paso importante. Muchas veces las personas encuentran que su nueva organización es muy buena, aunque no sea lo que ellos esperaban.

Si encuentras que has estado pensando algo de lo siguiente, puedes sentir frustración relacionada con expectativas y deberás reexaminar éstas:

- "Era mejor la forma en que se hacía en mi empleo anterior."
- "Las cosas no son como dijo el entrevistador."
- "Nadie me va a decir cómo funcionan aquí las cosas."
- "Me pregunto si debí hacer este cambio."
- "Pensé que me habían contratado por mis ideas nuevas."
- "Por qué nadie me dijo sobre..."
- "Me hubiera gustado saber todo esto antes de tomar el empleo."
- "Alguien debió decirme sobre..."

Mientras que cada uno de estos pensamientos puede ser sinónimo de verdaderos problemas, en tu primer año en un nuevo trabajo, también pueden ser el resultado de una diferencia entre expectativas y realidad que te impedirá ser eficiente.

Puntos para reflexionar

Primero, describe tu ideal de primer año en el empleo. Luego, describe qué te desilusionaría de tu nuevo empleo. Analiza la descripción. ¿Son escenarios realistas? ¿Es posible que suceda? ¿Qué harás si no todo en tu nuevo empleo es como hubieras deseado que fuera?

Cinco

Paso 3: Domina las habilidades de integración

Tal y como dijimos, el integrarse a una nueva organización o empleo requiere habilidades llamadas "de integración". Veamos algunos lineamientos clave para tener éxito como empleado nuevo.

Eres un extraño hasta que demuestres lo contrario

Los empleados recién llegados no distinguen con frecuencia entre ser contratados y ser aceptados por la gente de la organización. Ser aceptado toma tiempo y hay que ganárselo. Hasta que ganes aceptación serás considerado un extraño.

No podrás cambiar el sistema hasta que seas parte de él

Cuando alguien de adentro critica la organización o trata de hacer cambios se percibe como algo constructivo. Cuando un extraño (tú) critica y sugiere cambios, esto será percibido como un ataque. La premisa es que hasta que no hayas formado parte de la organización por un tiempo, no podrás entenderla lo suficientemente bien como para hacer críticas constructivas. Los empleados experimentados, sobre todo, desean implementar algunas de sus ideas para hacer una contribución rápidamente. Recuerda que a muchos no les gusta que los recién llegados hagan cambios hasta que aprendan y respeten el funcionamiento de la organización antes de hacer sugerencias sobre cómo *debería* ser ésta.

Evita las estrategias "ruidosas"

Tu experiencia te permitirá hacer contribuciones interesantes o proponer ideas de cambio. Sin embargo, si haces eso antes de haber ganado aceptación y antes de comprender bien a tu nueva organización, lo más probable es que sólo termines avergonzado. La mejor forma de hacer un cambio notorio es no comenzar demasiado pronto.

Admitir lo que no sabes es más importante que mostrar lo que sabes

Lo que causa la mejor impresión, sin importar cuánta experiencia tengas, es tener la prudencia de saber cuánto necesitas aprender sobre tu nuevo trabajo y nueva organización. Eso se traduce en mantener los ojos y oídos abiertos primero para aprender tanto como sea posible sobre la compañía y su gente. Es fácil llegar a ignorar los matices y sutilezas del trabajo en tu nueva organización. Demostrar que eres bueno para aprender, te ganará respeto.

La conformidad puede ser más importante que la individualidad

Puede ser que estés acostumbrado a manejar tu trabajo y tu puesto según tu estilo personal, sobre todo si ya tienes una experiencia considerable. Sin embargo, como recién llegado encontrarás que necesitas conformarte por un tiempo. Esto muestra, en primer lugar, que estás aceptando la nueva cultura organizacional, y en segundo que puede llevarte tiempo darte cuenta cuál es la forma adecuada de adaptar el puesto a ti. Más adelante tendrás oportunidades de expresar tu individualidad en el trabajo.

Lleva un registro

El viejo dicho tiene razón: nada se vende mejor que el éxito. Busca tareas y proyectos que te den la oportunidad de tener éxito. Asegúrate de cometer los errores correctos —es decir, los que se cometen en el aprendizaje no los que resultan de la impaciencia—. El éxito temprano le mostrará a tu empleador que contratarte fue una buena decisión ya que abrió la puerta a más oportunidades de éxito. Al hacer esto estarás en la "espiral del éxito".

Puntos para reflexionar

Describe lo que sentiste cuando eras nuevo en un trabajo anterior. ¿Qué experiencias buenas recuerdas de haber sido nuevo? ¿Qué experiencias difíciles recuerdas? ¿Qué hiciste que te ayudó a hacerte más productivo? ¿Qué hiciste que fuera desfavorable para tu productividad como empleado? ¿Qu lecciones aprendiste?

Seis

Paso 4: Controla las impresiones que causas

Sin importar cuál sea tu trabajo, debes poner especial atención en las impresiones que causes durante tu primer año. Como lo dijo un gerente que entrevistamos: "Por ahora estás en un platón. Donde quiera que comiences en un nuevo empleo, sin importar cuál sea, hay mucha gente observándote y tratando de evaluar tus habilidades para el éxito". Esta gente incluye a tus compañeros, tus subordinados y tus jefes. La naturaleza humana funciona de tal manera que quienes den las mejores primeras impresiones serán los primeros en recibir oportunidades para triunfar en proyectos que sean en verdad importantes para la organización y estarán en lugares muy visibles.

Todo lo que hagas enseguida se verá afectado por este impacto. A medida que progreses en la organización, el camino que recorras ayudará a crear una red de apoyo que ayudará a protegerte de errores inevitables y trampas políticas. Pero en los primeros meses las impresiones y percepciones que otros tengan de ti cuentan más. A veces, incluso los errores más insignificantes se hacen más evidentes cuando eres nuevo. Pablo, en el escenario que presentábamos al principio, pudo tener buenas intenciones, pero como nadie lo conocía, sus sugerencias no se tomaron bien.

El error más común que cometen empleados con experiencia consiste en asumir que su camino andado será tomado en cuenta automáticamente por la nueva organización. Ése es un error muy común, porque tu trayectoria es lo que hizo que te contrataran y fue muy importante durante la entrevista. Sin embargo, una vez que entras a trabajar, tus colegas y compañeros de equipo pueden tener un punto de vista distinto. Querrán ver lo que puedes hacer *por ellos*, no lo que hiciste por alguien más. Así, en cierto modo, tus colegas harán a un lado tu experiencia hasta que muestres que puedes tener el mismo éxito en tu nueva organización. Considera esto como un "examen" que te aplica tu nuevo empleador. Después de que pases el examen, tu currículum tendrá más sentido para los demás.

Resulta difícil precisar cuál es la impresión "correcta", ya que cada organización es diferente. Es por eso que el primer reto para dar una buena impresión es tener la sabiduría profesional para descifrar lo que la organización quiere ver. Puesto que tus colegas no te conocerán aún, tu segundo reto será poner atención en las acciones que crean primeras impresiones fuertes y positivas. Las pequeñas cosas que consideras poco importantes pueden crear impresiones y percepciones. Muchas veces son la única información en la que pueden basarse tus colegas para formarse un primer juicio sobre ti. Por ejemplo, ofrecerse para participar en un proyecto, hacer un esfuerzo extra para aprender rápidamente nuevas habilidades o tomarse tiempo para aprender sobre las funciones de los compañeros, puede significar más de lo que te imaginas. Da las impresiones correctas y la gente querrá estar ligada a ti, te conocerá mejor y te ayudará. Eso es entrar en la espiral del éxito.

Recuerda que es mucho más fácil darse a notar por lo que hagas mal que por lo que hagas bien. Deberás evaluar todo lo que hagas para saber cómo lo verá la gente que no sabe nada de ti, pero que seguramente te prejuzgará. Encuentra oportunidades para hacer lo que sabes que a los demás les gustará ver y evita hacer todo aquello que pueda interpretarse mal.

Puntos para reflexionar

Identifica al menos tres formas en las que hayas causado buena impresión como empleado nuevo en empleos anteriores. Luego, identifica al menos tres casos en los que te diste cuenta de que estabas causando impresiones negativas en trabajos anteriores. Después, identifica al menos cinco estrategias que puedas usar para causar impresiones positivas rápidamente. Finalmente, identifica aquello en lo que debes tener cuidado para no crear impresiones negativas.

Siete

Paso 5: Construye relaciones efectivas

Las organizaciones no son sólo un montón de tareas y deberes; son personas trabajando en conjunto con un objetivo común. La gente le da forma a la organización, determina cómo se hace el trabajo, decide su futuro y determina el éxito de ésta. Todo trabajo, sin importar cuán técnico sea, requerirá que seas bueno trabajando con, a través de o alrededor de personas. Además, la gente será el único medio para aprender a tener éxito dentro de la organización.

Imagina un típico empleado nuevo, sentado en su oficina, trabajando duro para cumplir con las fechas límite, llevándose manuales y libros a casa para saber más, sin salir a comer para asegurarse de que el trabajo quede bien. Si te suena que es un nuevo empleado listo, estás en parte en lo cierto. Mucho de lo que necesitas aprender sobre procedimientos de la oficina, la cultura organizacional y cómo vender tus ideas no está escrito y puede aprenderse sólo de otras personas de la organización.

Por tanto, es lógico suponer que construir buenas relaciones es la única forma de tener éxito en el trabajo. Si no construyes relaciones fuertes en las que agradas a los demás para que te ayuden y enseñen, lo más seguro es que no llegues a tener un desempeño sobresaliente. Es por eso que tienes que dar especial importancia a la construcción de buenas relaciones durante los primeros meses en tu nuevo empleo.

He aquí algunos consejos para construir relaciones efectivas en el trabajo:

Construir fuertes relaciones de trabajo es una prioridad

Tómate un tiempo para relacionarte con tanta gente como te sea posible en todos los niveles de la organización. Conviértelo en una prioridad en tu lista de cosas por hacer. Conoce a la gente, sal a comer con ellos o a tomar un café y ¡escucha! Si eres una persona introvertida, haz un esfuerzo para socializar con tus colegas.

Demuestra buenas habilidades de comunicación interpersonal y para hacer relaciones

Concéntrate en comunicarte y en trabajar bien con la gente. Recuérdate constantemente las bases de la comunicación interpersonal, sobre cómo evitar o manejar los conflictos y cómo ver las perspectivas de los demás. Haz un esfuerzo especial durante los primeros meses para respetar y trabajar con todo tipo de personas. Aunque esto suene como algo muy básico, es fácil pasarlo por alto si estuviste en tu empleo anterior el suficiente tiempo para sentirte cómodo en una red de interrelaciones. Recuerda que estás empezando de nuevo.

Concéntrate en el trabajo de equipo

Será especialmente importante mostrar a tus nuevos colegas que puedes ser un buen jugador del equipo. Ser un buen jugador significa aprender a compartir tu éxito, involucrar a otros, ser menos competitivo y posesivo sobre tus ideas y estar abierto a las sugerencias de otros.

La red, la red, la red

Uno de los aspectos más difíciles para integrarse a una nueva organización es la necesidad de construir una nueva red de contactos, recursos, consejeros y fuentes de información. Si cambias de trabajo dentro de la misma organización, puedes aprovechar tu red anterior. Sin embargo, si cambias de organización y tienes una experiencia considerable, esta tarea puede resultar particularmente difícil porque hace tiempo que no hacías nuevos contactos.

Encuentra un mentor, entrenador o supervisor

Todo nuevo empleado, sin importar su nivel, necesita de la guía de colegas con mayor antigüedad. Si hay un programa de mentor ya establecido en tu organización, aprovéchalo. Si no, busca empleados con más experiencia que parezcan interesados en ayudarte. Deja que te auxilien a comprender cómo es que tu experiencia embona o no embona en la nueva organización. Ten el cuidado de elegir a personas que parezcan respetadas dentro de la organización.

Puntos para reflexionar

Haz una lista de cinco grupos de personas que creas serán de particular importancia para tu éxito en tu nuevo trabajo. Anota los pasos específicos que darás para construir buenas relaciones de trabajo con cada uno de ellos. Asegúrate de considerar a compañeros, personal de apoyo, otros miembros de tu equipo, personas que integren tu nueva red de recursos, gerentes y otros grupos.

Ocho

Paso 6: Construye una estrecha relación laboral con tu gerente o supervisor

P uede haber pasado algún tiempo desde que tuviste que adaptarte a un nuevo jefe, sobre todo si estuviste en otra compañía por largo tiempo. Tal vez trabajaste para la misma persona durante años y te acostumbraste a él o ella. Sin siquiera pensarlo, tu inclinación natural será proyectar lo que a esa persona le gustaba y le disgustaba con tu nuevo jefe. Otra posibilidad es que hayas estado en varios puestos y con distintos jefes en tu organización anterior.

Es probable que, de alguna manera, te consideres experimentado para adaptarte a nuevos gerentes. Lo que quizás hayas olvidado es lo mucho que ya sabías sobre un nuevo jefe en tu trabajo anterior y lo mucho que él o ella sabía de ti antes de haber comenzado a trabajar para esa persona. Quizás escuchaste mucho sobre esa persona en los "por ahí" y podrías preguntar a otros para conocer sus preferencias. La realidad ahora es que eres nuevecito ante un jefe del que no sabes nada y quien no sabe nada de ti. El ajuste puede ser más difícil de lo que imaginaste.

Para ayudarte a recordar todo lo que tienes que averiguar sobre tu jefe, a continuación enlistamos algunas preguntas clave cuyas respuestas necesitarás responder para comenzar con el pie derecho:

- ¿Cuán detallada le gusta la información a tu jefe(a)?
- ¿Le gusta que se le informe regularmente o sólo enterarse de los problemas?
- ¿Le gusta que le sugieran soluciones a los problemas o ser parte del proceso de solución?
- ¿Cuáles son sus estándares en términos de calidad en el trabajo?
- ¿Cuál es su agenda, lo que desea, lo que necesita y sus expectativas?
- ¿Cuál es la mejor manera de darle apoyo?
- ¿Cuál de tus tareas le podría ocasionar problemas si no se hace bien?
- ¿De qué manera requiere aprovechar su tiempo?
- ¿Cuáles son los recursos críticos que puedes ayudar a tu jefe a obtener o conservar?
- ¿Cómo puedes ayudarle a que sea más eficiente y productivo?
- ¿Cuándo deberás estar a su disposición?
- ¿Cómo puedes convertirte en alguien indispensable para él (ella)?

Por otro lado, necesitas repasar algunos aspectos clave sobre cómo relacionarte con tu nuevo(a) jefe(a) para asegurarte que la manera como te llevabas con tu jefe anterior es apropiada para relacionarte con el (la) nuevo(a):

- ¿Qué decisiones le gusta tomar y cuáles prefiere delegar?
- ¿De qué manera se siente más cómodo dando retroalimentación?
- ¿En qué áreas es de particular importancia que seas flexible?
- ¿Cuánta iniciativa desea ver en tu trabajo?
- ¿Cuánta independencia espera que tengas?
- ¿Cómo deberás manejar los desacuerdos que surjan?
- ¿Cuál es la mejor manera de obtener ayuda de tu jefe(a) cuando la necesites?
- Cuando pida algo o dé instrucciones, ¿qué deberás hacer para exceder sus expectativas?
- ¿Cómo deberás responder cuando se te asigne una tarea?

Dada tu experiencia, sabes lo importante que es el tener una buena relación con tu jefe; sin embargo, seguro que estás asumiendo muchas cosas sobre cómo actuar basado en lo que ha sucedido en otras organizaciones. Durante los primeros meses en tu nuevo empleo deberás analizar todas estas ideas preconcebidas. Por otro lado, no te sorprendas si para adaptarte tienes que echar mano de habilidades a las que no habías recurrido por largo tiempo.

Puntos para reflexionar

Haz una lista de lo que crees que deberás hacer para tener una buena relación con tu jefe(a). Lo que das por hecho, ¿dónde lo aprendiste? ¿Es aplicable a tu nueva organización? ¿Cómo podrías estar seguro? Si mostraras la lista a tu nuevo jefe(a) ¿crees que estaría de acuerdo con ella?

Nueve

Paso 7: Conoce la cultura de tu organización

Cada compañía tiene su propia y única personalidad o "cultura", también conocida como el "aquí, así se hace". Los oirás todos los días: "Aquí no hacemos las cosas así". "Aquí nos gusta ver gente que trabaja duro". "Al jefe aquí le gusta ver a todo mundo desde temprano", entre otras. Estas reglas y normas, muchas de las cuales no se dicen y son informales, medirán todo lo que haces en la organización, desde cómo trabajas con los demás hasta cómo te vistes en el trabajo. La cultura define *cómo* debes *hacer aquello* para lo que te contrataron.

Deberás recordar dos reglas básicas sobre la cultura. Primera, los empleadores desean empleados que "embonen" en la cultura organizacional y que la acepten con entusiasmo. Eso no significa que vayas a ser una clonación, pero todas las empresas tienen límites para la individualidad. Segunda, tu primer reto será demostrar que puedes dejar atrás la cultura aprendida en tu empleo anterior para integrarte a la nueva cultura. Si no te tomas tiempo para comprender la nueva cultura, es casi seguro que cometerás errores tontos y vergonzosos que lastimarán tu carrera laboral.

La cultura deja una marca indeleble en los empleados, así que la cultura de tu empleo u organización anterior puede haberte formado más de lo que te das cuenta. Deberás trabajar en "desaprender" la cultura anterior para poder funcionar eficientemente en tu nueva cultura.

A continuación presentamos algunos elementos críticos sobre la cultura en los que hay que poner atención:

- Misión de la organización
- Lineamientos filosóficos
- Normas y valores básicos
- Expectativas de comportamiento
- Ética laboral
- Lo que se premia
- Normas sociales
- Factores de éxito
- Normas de la gerencia
- Filosofía de la gerencia
- Estándares éticos
- Creencias y hechos respetados
- Código de vestimenta
- Actitudes de los empleados
- Normas de comunicación
- Normas de trabajo
- Ambiente laboral

¿De qué manera te afecta todo esto? Imagina un nuevo empleado que de inmediato critica un proyecto para luego darse cuenta de que fue propuesto originalmente por uno de los gerentes, quien continúa creyendo en éste. En el caso de Pablo, alejó a la gente porque no comprendió lo importante que era ser parte del equipo. Otro empleado no asistió a juntas de seguridad y continuó violando reglas de seguridad sin darse cuenta de que la seguridad en el trabajo era muy apreciada en la compañía. Otro no comprendió que un protocolo de la oficina era no discutir un problema con el jefe de tu jefe sin antes informar a tu jefe. Imagina su sorpresa cuando lo regañaron por "saltarse a su jefe".

¿Cómo aprendes la cultura? Es difícil, porque rara vez está por escrito y la mayoría de la gente no podrá explicártela directamente. La mayor parte la aprenderás observando. Pon atención a "cómo se hacen ahí las cosas", observa a tus colegas y fíjate en qué invierten su tiempo. Aprende las normas y valores de la organización mediante el comportamiento de los demás. Pregunta cuál es la misión y filosofía básica de la organización. Comprende qué esperan de ti, sobre todo con respecto a la ética de trabajo aceptada y las normas sociales. Observa el clima político y cómo se comunican y trabajan en conjunto todos. Recuerda que la clave para comprender la cultura es construir buenas relaciones.

Todo esto y más es parte de la cultura organizacional. Para tener éxito deberás tomarte tiempo para conocerla antes de aventurarte. No permitas que la cultura de la que provienes obstaculice tu aprendizaje de la nueva cultura. Acepta y respeta la cultura de tu nueva organización. Encuentra la manera de embonar y date cuenta de que no podrás hacer cambios en la organización hasta que seas parte de ella.

Además de hablar con la gente, puedes aprender sobre la cultura observando e investigando sobre lo siguiente:

- Actividades de la gente
- Prioridades organizacionales
- Leyendas y héroes
- Ritos y rituales
- Escenario físico
- La estructura organizacional
- Políticas y procedimientos
- La historia de la organización
- Lo que se premia
- Formas de hacer carrera y progresar
- Comportamiento de los líderes

Puntos para reflexionar

Prepara una hoja de trabajo con dos columnas. En la columna de la izquierda escribe palabras que describan la cultura de tu empleador anterior. En la columna derecha enlista palabras que describan la cultura de tu nueva organización. ¿Cuáles son las similitudes? ¿Cuáles con las diferencias? ¿En cuál de las diferencias tendrás más dificultades para adaptarte?

Diez

Paso 8: Adáptate al sistema organizacional

C omo empleado experimentado, tienes una ventaja en el sentido de que conoces cómo funcionan las organizaciones y cómo ser eficiente en ellas. Sin embargo, necesitarás revisar dos áreas clave para asegurarte de que comienzas bien: políticas organizacionales y la manera informal en que se hacen transacciones.

Políticas organizacionales

Como bien sabes, todo lo que pasa dentro de una organización implica políticas. La política es la forma en que se hacen las cosas cuando hay gente trabajando en conjunto. Puede ser nefasta y llena de vicios, pero por lo general no es así. Es el proceso mediante el cual se comparten recursos, poder y se influye en otros. Tómate un tiempo para definir la estructura política y de poder de tu nueva organización, identifica los "jugadores" y elige las batallas que valgan la pena pelear. Necesitas conocer cuáles son

57

las posiciones políticas en controversia y las consecuencias de moverte en este terreno peligroso.

He aquí algunas preguntas clave sobre la política de tu organización:

- ¿Cuáles con los compromisos importantes que hay que hacer?
- ¿Quién debe participar en la toma de decisiones?
- ¿Quiénes son los "jugadores" importantes que influyen en tu trabajo?
- ¿Cómo negocia la gente?
- ¿Qué batallas valen la pena pelear y qué otras no valen la pena?
- ¿Dónde están las coaliciones de gente que está de acuerdo contigo en algún asunto?
- ¿En qué asuntos resulta peligroso luchar tú solo?
- ¿Cuáles son los asuntos políticos controversiales?
- ¿Quién tiene el poder y quién quiere tenerlo?

Piensa en la política como si fuera fichas de póquer: obtienes algunas y gastas algunas. Desafortunadamente, cuando cambias de empleo dejas mucha de la influencia política que pudiste haber tenido en tu trabajo anterior. Así, procede con cautela durante tu primer año y gana fichas mediante un buen desempeño.

Obteniendo resultados

Las organizaciones establecen políticas y procedimientos formales, pero adentro la gente desarrolla sus propias estructuras y métodos informales que facilitan el trabajo.

Éstas son las formas de encontrar información "por la puerta de atrás" y los atajos alrededor del complicado sistema de compras o los acuerdos informales entre departamentos para que fluya el trabajo. Hay miles de procedimientos y formas de hacer las cosas que también existen, que nunca se documentan y que simplemente evolucionan con el tiempo. Estas maneras informales, no escritas, de hacer las cosas hacen más productivas a las organizaciones, pero es posible que difieran de las que había en tu trabajo anterior. Te sorprenderá darte cuenta de las muchas maneras informales de trabajar a las que estabas acostumbrado. Si deseas lograr resultados en tu nuevo empleo deberás aprender cómo "se hace en realidad el trabajo" ahí, y la única manera de lograrlo es observando a la gente y haciendo preguntas.

Puntos para reflexionar

Supón que tienes que dar una clase de "técnicas y procedimientos" a un grupo de recién egresados contratados por tu empresa. ¿Qué le dirías a estos nuevos empleados? ¿Cómo les dirías que averiguaran sobre las políticas de la organización? ¿Qué les dirías sobre cómo aprender la forma en que en realidad se hace el trabajo? ¿Cómo les dirías que descifraran las reglas no escritas de la organización? Ahora, toma tus propios consejos.

Once

Paso 9: Comprende tu papel de recién contratado

En realidad a nadie le gusta ser nuevo en una organización. Puede resultar incómodo y frustrante, especialmente si hace tiempo que no eras nuevo. Lo que sugerimos es un nuevo pensamiento: practicar el arte de ser nuevo. Hemos encontrado que es tan importante aprender a ser nuevo como lo es aprender a ser alguien con experiencia. Mientras mejor comprendas y aceptes el hecho de que eres nuevo y mientras mejor te sientas en tu papel de nuevo empleado, más rápido podrás dejarlo atrás. Esto es contrario al pensamiento tradicional que dice que debes dejar de actuar como empleado nuevo tan pronto como sea posible. Sin embargo, un nuevo empleado eficiente comprende la importancia del periodo de transición. Acepta el papel de recién llegado, comprende las reglas especiales para los nuevos y emprende con entusiasmo la tarea de aprender sobre la organización y ser aceptado.

Aquí hay algunos lineamientos que deberás seguir como nuevo empleado.

No te resistas a los "deberes" de nuevo empleado

Toda organización tiene ciertas tareas que se asignan a los nuevos. Quizá los conoces como "derechos de entrada" o "pago de cuota". A veces te tocan las peores tareas del proyecto de un equipo. A veces te asignan los deberes que nadie más quiere hacer. Es probable que te asignen el peor escritorio y oficina.

No lo tomes como algo personal

En ocasiones esto se hace un poco como novatada y a veces se hace simplemente porque alguien tiene que hacerlo. Todo mundo ha sido nuevo alguna vez y también se le trató así. Si te resistes o te quejas sólo crearás resentimiento, porque los demás no comprenderán el porqué no puedes aguantar esto cuando ellos sí lo aguantaron.

Si te tratan así, tranquilízate. Recuerda que es un periodo de transición, no es para toda tu carrera. Te garantizamos que ganarás respeto asumiendo tu papel, cualquiera que sea, y haciendo tu trabajo lo mejor que puedas y con el mayor entusiasmo posible.

Comprende el panorama general

Muchos nuevos empleados fallan al no mirar el panorama general en sus organizaciones. Desarrollan una "visión de túnel" y se concentran sobre todo en sus propias necesidades, intereses y trabajos. Tu nuevo empleo es muy importante para ti y consume mucha energía y tiempo. Sin embargo, la organización tiene muchas otras prioridades que son igualmente importantes que ayudarte a hacer bien tu trabajo. Mira el panorama general. Lo que puede parecer importante para ti puede no ser tan importante para nadie más. Sé lo suficientemente profesional y sensato para reconocer esto y responsabilízate por ti mismo.

Encuentra tu lugar

Puede resultar frustrante ser nuevo sin tener un papel bien definido. Toma un tiempo para analizar cuál es el papel que la gente en la organización quiere que asumas. ¿Desean que seas asistente por un tiempo antes de tomar más responsabilidades? ¿Necesitan que cubras a alguien que está fuera por alguna intervención quirúrgica? ¿Desean que pases seis meses yendo a la escuela?, o ¿necesitan que entres y tomes el mando rápidamente?

Muchos nuevos empleados crean problemas para sí y para otros al tratar de hacer que la organización responda a sus propios planes. Olvida lo que piensas que debería ser tu función y averigua cuál es el papel que la organización quiere que tomes. Luego, juega ese papel voluntariamente y lo mejor que puedas. Ganarás mucho respeto por ello.

Puntos para reflexionar

Piensa en tu papel actual como empleado nuevo. ¿Cómo lo describirías? ¿Cuál te gustaría que fuera? ¿Hay alguna discrepancia? ¿Te afecta esa discrepancia en el trabajo? ¿Necesitas hacer algo para cumplir mejor con tu papel o ajustarte a él tal y como es ahora?

Doce

Paso 10: Desarrolla habilidades de trabajo

Como nuevo empleado experimentado, desarrollar habilidades en el trabajo puede no ser un paso muy difícil. Si tu nuevo empleo se parece a tu puesto anterior, las habilidades que dominaste ahí se podrán transferir directamente. Por otro lado, si estás haciendo una transición en tu carrera a un tipo de trabajo distinto, es probable que tengas que hacer algunos ajustes o aprender nuevas habilidades. Por ejemplo, si has estado en puestos donde trabajabas en algunos grandes proyectos al mismo tiempo y estás tomando un puesto con responsabilidades operativas, notarás que las habilidades de manejo de tiempo que se necesitan son otras.

Considera esta lección como una pequeña lista a repasar para ver si hay habilidades profesionales que necesites mejorar. Éstas pueden incluir:

- Administrar tu tiempo eficientemente
- Establecer prioridades

- Llevar múltiples proyectos
- Escribir memos, cartas y reportes
- Hacer presentaciones orales
- Manejar el flujo de trabajo
- Organizar y participar en juntas
- Vender tus ideas
- Trabajar con secretarias y asistentes administrativos
- Organizar tu trabajo y oficina
- Establecer tiempos límite realistas
- Producir el nivel correcto de calidad

Puntos para reflexionar

Como profesional consumado, puedes tener poco trabajo que hacer en esta área. Por otro lado, puedes encontrar que necesitas pulir algunas de tus habilidades para adaptarte a la nueva organización. Date una calificación en cada uno de los aspectos anteriores. ¿En cuáles necesitas trabajar para encajar mejor?

Trece

Paso 11: Domina las tareas de tu trabajo

A pesar de que el énfasis que hace este libro es en los elementos ajenos al trabajo en tu empleo, no te engañes pensando que el desempeño del trabajo no es importante. Tu empleador *definitivamente* espera que muestres gran destreza en tu trabajo.

Cuando hayas realizado los diez pasos anteriores, podrás dominar las tareas de tu trabajo. Estarás en condiciones de comprender bien las tareas, la relación en tu trabajo y la organización entera, cómo se trabaja en realidad y con quién trabajar para lograr las metas organizacionales. Ahora simplemente tendrás que trabajar bien.

Por lo general, tu empleador te dará cierta capacitación para que empieces. No lo tomes a la ligera, incluso si piensas que no necesitas la capacitación. En todo caso, servirá como un curso de repaso. Es muy probable que descubras nuevas formas de aplicar lo que hayas aprendido previamente.

Puntos para reflexionar

Por un minuto piensa diferente en las tareas de tu trabajo. Asume que ya dominas las partes técnicas del mismo. ¿Qué más necesitas hacer para ser más eficiente? ¿Estás produciendo los resultados que quiere la organización? ¿Cómo puedes hacer más útiles tus conocimientos técnicos?

Catorce

Paso 12: Adquiere los conocimientos, destrezas y habilidades que necesites

A pesar de tu experiencia, es probable que descubras que te faltan ciertas habilidades y destrezas. A continuación se menciona cómo puedes adquirir el conocimiento y habilidades necesarios para hacer mejor tu trabajo:

Que no te dé pena pedir ayuda o capacitación

Como profesional experimentado puedes sentir que no deberías necesitar capacitación. No dejes que este sentimiento te detenga para aprovechar la capacitación que está disponible para los empleados. El periodo de nuevo empleado te da la posibilidad de hacer preguntas y llevar una capacitación que no tendrás después. Aprovéchala.

Conviértete en un aprendiz permanente

Toma la iniciativa para guiar tu propio desarrollo. En este punto, deberás tener una idea bastante clara sobre el tipo de crecimiento que necesitas. Siéntate con tu gerente y colegas y pide su ayuda. Pon especial atención en las evaluaciones de tu desempeño. Luego, diseña un plan para guiar tu desarrollo. Si tienes tiempo libre, lo cual sucede a menudo con los nuevos empleados, úsalo para aprender algo nuevo. Nadie te forzará a superarte. Es tu responsabilidad.

Puntos para reflexionar

El aprendizaje continuo es una necesidad en el mundo laboral actual. ¿En qué áreas necesitas superarte para tu nuevo trabajo y para prepararte en tus puestos futuros?

Quince

Sé responsable de tu éxito

E s *tu* responsabilidad efectuar la transición para el éxito en tu nuevo empleo. Invierte tu tiempo y energía para tener éxito en tu primer año. Es una inversión que definitivamente traerá beneficios en el futuro. Todo mundo pasa por transiciones de ser nuevo empleado durante su carrera, de modo que aprender a que funcione este proceso de 12 pasos te beneficiará a lo largo de tu vida.

Poner en práctica estos pasos implica tiempo y esfuerzo. Desafortunadamente, pocos trabajos te permiten trabajar en estos pasos uno a la vez. Al contrario, estarás pasando por todos ellos al mismo tiempo, al menos en determinado grado. Esto es verdad especialmente para los empleados con experiencia, porque tendrás más presión para aprender sobre la marcha. Utiliza los pasos para establecer prioridades en lo que necesites aprender. Los pasos del 1 al 3 deberán ser tu primera prioridad y podrán realizarse (en su mayor parte) antes de que empieces a laborar. Causar las impresiones correctas y hacer relaciones (pasos del 4 al

6) deberán ser tu siguiente prioridad. Aprender la cultura, adaptarte al sistema organizacional y comprender tu papel (pasos del 7 al 9) seguirán naturalmente a las relaciones que establezcas. Finalmente, tu desempeño en el trabajo (pasos del 10 al 12) será la siguiente prioridad a medida que avance tu primer año, la "luna de miel" termine y la gente comience a buscar que te desempeñes según tu experiencia.

Cada organización es un poco diferente, así que las prioridades de los pasos pueden variar. Por ejemplo, si comienzas a trabajar cuando la organización tiene que cumplir con una fecha límite importante, puede ser que debas concentrarte en las tareas antes de estar listo y puede ser que no tengas tiempo de construir relaciones. Sin embargo, una vez cumplida la meta, deberás comenzar, porque hay que cumplir con cada uno de los 12 pasos. *No te brinques ninguno de los pasos cuando cambies a una nueva empresa.*

La evaluación de tu progreso

En la siguiente página hay un inventario para ayudarte a evaluar tu progreso. Es una herramienta útil para revisar cada paso y trazar tu progreso en las tres etapas. Úsala por lo menos una vez al mes para asegurarte de que te estás concentrando en cada paso y superándote tan rápidamente como es posible.

La evaluación de tu progreso

Este inventario te permitirá medir tu progreso en tu nuevo empleo. Llena el inventario una vez al mes para recordar los aspectos importantes, así como para evaluar tu progreso.

Considera por separado cada uno de los 12 pasos. Piensa en dónde estás la mayor parte del tiempo respecto a cada uno y, utilizando la clave de respuesta, marca el círculo que mejor te califique.

Claves de respuesta:
① Estoy descubriendo cómo es la organización en realidad
② Estoy tratando de aprender de lo que he visto
③ Estoy comenzando a entender qué quiere la organización y por qué
④ Estoy pensando en cómo hacer cambios
⑤ Estoy en el proceso de cambiar para encajar mejor
⑥ He cambiado lo necesario para encajar

Trabajo de adaptación	Iniciación (Impacto de la realidad)		Transición (Comprensión)		Adaptación (Cambio)	
Actitudes	①	②	③	④	⑤	⑥
Expectativas	①	②	③	④	⑤	⑥
Habilidad de integración	①	②	③	④	⑤	⑥
Manejo de impresiones	①	②	③	④	⑤	⑥
Hacer relaciones	①	②	③	④	⑤	⑥
Gerente/supervisor	①	②	③	④	⑤	⑥
Cultura organizacional	①	②	③	④	⑤	⑥
Sistema organizacional	①	②	③	④	⑤	⑥
Papeles	①	②	③	④	⑤	⑥
Habilidades laborales	①	②	③	④	⑤	⑥
Tareas	①	②	③	④	⑤	⑥
Conocimientos, destrezas y habilidades	①	②	③	④	⑤	⑥

Problemas y retos

Muchos empleados nuevos con experiencia encuentran la transición a un nuevo empleo como un reto. Cuantos más años hayan pasado desde que fuiste empleado nuevo, más probable será que la transición te resulte difícil. Éstos son algunos de los problemas más comunes.

"La gente con la que trabajo no entiende lo que es ser nuevo"

Esto tal vez sea verdad. Toma sólo un año o dos en un trabajo olvidar lo que se siente ser nuevo. Incluso tal vez tú lo hayas olvidado. Pocos gerentes reciben capacitación sobre cómo traer nuevos empleados a la organización. No esperes que nadie sepa automáticamente lo que necesitas. Comunica tus necesidades de una manera no demandante.

"No me gusta sentirme nuevo"

A nadie le gusta ser nuevo, así que el primer año en un nuevo empleo puede ser un periodo muy incierto e incómodo. Recuerda que la manera más rápida de terminar con esa sensación de incomodidad es ser muy bueno en eso de ser nuevo.

"Pensé que me habían contratado para contribuir con mis ideas, no para adaptarme"

Recuerda que los consejos de este libro son sólo para ayudarte a comenzar. No es que siempre te vayas a tener que adaptar, como lo haces ahora. Sin embargo, el adaptarte ahora te dará el derecho de crear tu propio estilo individual más tarde.

"No estoy tan feliz como pensé que estaría"

Es muy común que los nuevos empleados se sientan un poco decepcionados durante el primer año, ya que usualmente no se cumplen sus expectativas. Por lo general, hay una gran felicidad y entusiasmo al principio, seguido de un decaimiento, y luego —aquí vienen las buenas noticias—, un retorno de gozo y satisfacción una vez que termina la etapa de adaptación.

"No puedo con todo"

A veces se te arroja a un montón de problemas o tienes tanto que hacer tan rápido que todo parece muy confuso. Trata de relajarte. Hasta el empleado con más experiencia se siente a veces apabullado en un nuevo empleo. Toma tiempo adaptarse, pero la situación mejorará. No temas pedir ayuda y no esperes poder hacer más de lo que hacen los demás.

"No creía que los nuevos con experiencia tuvieran que pasar por estos pasos"

Recuerda que hasta los directores deben pensar y trabajar de manera diferente cuando son nuevos, e incluso ellos fallan por no encajar en una nueva cultura. No habrá punto en tu carrera en el que puedas dejar de preocuparte por el arte de ser nuevo.

Conclusión

Una transición exitosa

Una vez que aceptes la naturaleza única de la transición a un nuevo empleo, este periodo puede resultar muy divertido, muy excitante y un paso aterrador en una carrera exitosa. Los 12 pasos que se discuten en este libro te recordarán las tareas de un nuevo empleado que tal vez habías olvidado, además te ayudarán a darle sentido a una etapa crucial de tu carrera, y a construir una base sólida para avanzar y comenzar más rápido. Lo más importante, evitará que eches a perder el trabajo duro que hayas hecho, cometiendo errores o perdiendo las recompensas que hayas ganado.

El consejo que aquí se da, representa un enfoque conservador y seguro para comenzar en un nuevo puesto. Muchos empleados nuevos nos han dicho, a medida que han conocido a su nueva organización, que encontraron aspectos en los que no tuvieron que ser tan conservadores. Cada uno de ellos reportó algo un poco diferente sobre su organización, pero nadie dijo que hubiera cometido errores basándose en este enfoque. El método de los 12 pasos evitará que cometas errores al comienzo y te pondrá en el camino para construir respeto, aceptación y credibilidad. Pocos empleados te acusarán por comenzar de manera conservadora.

Si se toma correctamente, ésta puede ser una época maravillosa en tu vida profesional. Diviértete, trabaja duro, disfruta tu éxito y sé el mejor empleado nuevo que sepas ser. *¡Buena suerte!*

Sobre los autores

Elwood F. Holton III, Ed. D., es profesor de Desarrollo de Recursos Humanos (DDR) en la Universidad Estatal de Luisiana, donde también coordina los programas de DDR y funge como director ejecutivo para el Centro para Desarrollo de Liderazgo. Es también el ex presidente de la Academia de Desarrollo de Recursos Humanos. Da consultoría a organizaciones públicas, privadas y no lucrativas en todo tipo de desarrollo de recursos humanos, desarrollo de liderazgo y proyectos de mejora de desempeño. Holton ha creado y perfeccionado su modelo de 12 pasos mediante numerosas presentaciones ante grupos de nuevos empleados y profesionales de recursos humanos como J. P. Morgan, Enterprise Rent-A-Car, el Departamento de Energía de Estados Unidos, la Administración de Servicios Generales de Estados Unidos y la Sociedad de Esclerosis Múltiple. Es autor de 11 libros y más de 150 artículos.

La doctora Sharon S. Naquin es directora de la Oficina de Investigación para el Desarrollo de Recursos Humanos y profesora asistente de desarrollo de recursos humanos en la Universidad Estatal de Luisiana. Tiene 11 años de experiencia en recursos humanos corporativos. En su carrera, ella ha reclutado, contratado y capacitado a cientos de nuevos empleados. Como consultora, ha trabajado en todo tipo de problemas de recursos humanos, capacitación de empleados y mejora de desempeño. También ha hecho publicaciones sobre efectos de propensión sobre aprendizaje de adultos en el lugar de trabajo, análisis de necesidades organizacionales, desarrollo de liderazgo, sistemas de mejora de desempeño, sistemas de desarrollo de fuerza laboral comunitaria y evaluación de desarrollo gerencial.

COLECCIÓN NEGOCIOS

COLECCIONES

Belleza
Negocios
Superación personal
Salud
Familia
Literatura infantil
Literatura juvenil
Ciencia para niños
Con los pelos de punta
Pequeños valientes
¡Que la fuerza te acompañe!
Juegos y acertijos
Manualidades
Cultural
Medicina alternativa
Clásicos para niños
Computación
Didáctica
New Age
Esoterismo
Historia para niños
Humorismo
Interés general
Compendios de bolsillo
Cocina
Inspiracional
Ajedrez
Pokémon
B. Traven
Disney pasatiempos

SU OPINIÓN CUENTA

Nombre ....

Dirección ....

Calle y número ....

Teléfono ....

Correo electrónico ....

Colonia .... **Delegación** ....

C.P .... **Ciudad/Municipio** ....

Estado .... **País** ....

Ocupación .... **Edad** ....

Lugar de compra ....

Temas de interés:

□ *Negocios*　　　　　□ *Familia*　　　　　　　□ *Ciencia para niños*
□ *Superación personal*　□ *Psicología infantil*　□ *Didáctica*
□ *Motivación*　　　　□ *Pareja*　　　　　　　□ *Juegos y acertijos*
□ *New Age*　　　　　□ *Cocina*　　　　　　　□ *Manualidades*
□ *Esoterismo*　　　　□ *Literatura infantil*　□ *Humorismo*
□ *Salud*　　　　　　□ *Literatura juvenil*　□ *Interés general*
□ *Belleza*　　　　　□ *Cuento*　　　　　　　□ *Otros*
　　　　　　　　　　□ *Novela*

¿Cómo se enteró de la existencia del libro?

□ *Punto de venta*
□ *Recomendación*
□ *Periódico*
□ *Revista*
□ *Radio*
□ *Televisión*

Otros ....

Sugerencias ....

Guía para triunfar en su nuevo trabajo

NOTAS

NOTAS

NOTAS

Guía para triunfar en su nuevo trabajo
Tipografía: *Alógrafo/ Ángela Trujano López*
Negativos de portada e interiores: *Formación Gráfica*
Impresión de portada: *Q Graphics S.A. de C. V.*
Esta edición se imprimió en Mayo **de 2003,**
en *UV Print Sur 26 A No. 14 BIS México, D.F. 08500*